大方廣佛華嚴經 寫經

17

🪷 일러두기

1. 『사경본 한글역 대방광불화엄경』은 『독송본 한문·한글역 대방광불화엄경』에 수록된 한글역을 사경하는 데 편의를 도모하기 위해 편집을 달리하여 간행한 것이다.

2. 『독송본 한문·한글역 대방광불화엄경』은 실차난타가 한역(695~699)한 80권 『대방광불화엄경』의 한문 원문과 한글역을 함께 수록한 것이다. 한문 저본은 고종 2년(1865) 월정사에서 인경한 고려대장경 『대방광불화엄경』이다.

3. 한글 번역은 동국역경원에서 발간한 한글 『대방광불화엄경』(운허)을 중심으로 하고 『신화엄경합론』(탄허)과 『대방광불화엄경 강설』(여천무비) 그리고 최근의 여타 번역본 등을 참조하였다.

4. 한글 번역은 독송과 사경을 위하여 정확성과 아울러 가독성을 고려하였다. 극존칭은 부처님과 불경계에 대해서만 사용하였다.

5. 사경본의 차례는 일러두기 → 한글역 본문 → 화엄경 목차 → 간행사이며 80권 『대방광불화엄경』의 권별 목차 순으로 독송본과 함께 간행한다. (법공양판에는 간행사 다음에 간행불사 동참자를 밝혀 두었다.)

사경본 한글역
대방광불화엄경 제17권

16. 범행품
17. 초발심공덕품

수미해주

대방광불화엄경 제17권 변상도

대방광불화엄경
제17권

16. 범행품

_____ 은(는) 『대방광불화엄경』을
사경하는 인연공덕으로
『화엄경』이 널리 유통되고
우리 모두 다함께 보리 이루기를 발원하옵니다.

대방광불화엄경
제17권

16. 법행품

이때에 정념 천자가 법혜 보살에게 말씀드렸다.

"불자여, 일체 세계의 모든 보살들이 여래의 가르침을 의지하여 물든 옷을 입고 출가하였으면, 어떻게 범행이 청정함을 얻어서 보살의 지위로부터 위없는 보리의 도에 이르겠습니까?"

법혜 보살이 말씀하였다.

"불자여, 보살마하살이 법행을 닦을 때에 마땅히 열 가지 법으로 반연을 삼아서 뜻을 내어 관찰하여야 한다. 이른바 몸과 몸의 업과 말과 말의 업과 뜻과 뜻의 업과 부처님과 법과 스님과 계이다. 마땅히 이와 같이 관찰하기를, '몸이 범행인가 내지 계가 범행인가?' 할 것이다.

만약 몸이 범행이라면, 마땅히 알아야 한다, 범행은 곧 선하지 않은 것이며, 법답지 않은 것이며, 혼탁한 것이며, 악취 나는 것이며, 부정한 것이며, 싫은 것이며, 어기는 것이며, 잡되고 물든 것이며, 송장이며, 벌레 무더기이다.

만약 몸의 업이 범행이라면, 범행은 곧 가는 것과, 머무르는 것과, 앉는 것과, 눕는 것과, 왼쪽으로 돌아보는 것과, 오른쪽으로 돌아보는 것과, 구부리는 것과, 펴는 것과, 숙이는 것과, 우러르는 것이다.

만약 말이 범행이라면, 범행은 곧 음성과 숨과 가슴과 혀와 목구멍과 입술과 뱉고 삼킴과 막고 놓음과 높고 낮음과 맑고 탁함이다.

만약 말의 업이 범행이라면, 범행은 곧 기거하는 안부를 묻고, 간략하게 말하고, 널리 말하고, 비유로 말하고, 직설하고, 칭찬하고, 헐뜯고, 방편으로 말하고, 세속을 따라 말하고, 분명하게 말하는 것이다.

만약 뜻이 범행이라면, 범행은 곧 지각이며, 관찰이며, 분별이며, 갖가지 분별이며, 기억이며, 갖가지 기억이며, 사유이며, 갖가지 사유이며, 환술이며, 꿈이다.

만약 뜻의 업이 범행이라면, 마땅히 알아야 한다, 범행은 곧 사색과 생각과 추위와 더위와 주림과 목마름과 괴로움과 즐거움과 근심과 기쁨이다.

만약 부처님이 범행이라면, 색온이 부처님인가, 수온이 부처님인가, 상온이 부처님인가, 행온이 부처님인가, 식온이 부처님인가, 상이 부처님인가, 수호가 부처님인가, 신통이 부처님인가, 업행이 부처님인가, 과보가 부처님인가?

만약 법이 범행이라면, 적멸이 법인가, 열반이 법인가, 생기지 않음이 법인가, 일어나지 않음이 법인가, 말할 수 없음이 법인가, 분별 없음이 법인가, 행할 바 없음이 법인가, 모이지 않음이 법인가, 수순하지 않음이 법인가, 얻을 바 없음이 법인가?

만약 스님이 범행이라면, 예류향이 스님인가, 예류과가 스님인가, 일래향이 스님인가, 일래과가 스님인가, 불환향이 스님인가, 불환과가 스님인가, 아라한향이 스님인가, 아라한과가 스님인가, 삼명이 스님인가, 육통이 스님인가?

만약 계가 범행이라면, 계단이 계인가, 청정을 물음이 계인가, 위의를 가르침이 계인가, 갈마를 세 번 말함이 계인가, 화상이 계인가, 아사리가 계인가, 삭발이 계인가, 가사를 입는 것이 계인가, 걸식이 계인가, 정명이 계인가?

이와 같이 관찰하면, 몸에 취할 것이 없고, 닦음에 집착할 것이 없고, 법에 머무를 것이 없으며, 과거는 이미 멸하였고, 미래는 아직 이르지 않았고, 현재는 공적하며, 업을 짓는 이도 없고, 과보를 받을 이도 없으며, 이 세상은 이동하지 않고, 저 세상은 바뀌지 않는다.

 이 가운데 어느 법이 이름이 범행인가? 범행은 어디서 왔으며, 누구의 소유이며, 체성은 무엇이며, 누구로 말미암아 지었는가? 있는 것인가, 없는 것인가? 색인가, 색이 아닌가? 수인가, 수가 아닌가? 상인가, 상이 아닌가? 행인가, 행이 아닌가? 식인가, 식이 아닌가?

 이와 같이 관찰하면, 범행의 법은 얻을 수 없는 까닭이며, 삼세의 법이 다 공적한 까닭이며, 뜻이 집착이 없는 까닭이며, 마음이 장애가 없는 까닭이며, 행할 것이 둘이 없는 까닭이며, 방편이 자재한 까닭이며, 모양 없는 법을 받아들이는 까닭이며, 모양 없는 법을 관찰하는 까닭이며, 부처님 법이 평등함을 아는 까닭이며, 일체 부처님 법을 갖춘 까닭으로, 이와 같은 것이 이름이 청정한 법행이다.

다시 마땅히 열 가지 법을 닦아야 한다.

무엇이 열인가?

이른바 옳은 도리와 그른 도리를 아는 지혜와, 과거 현재 미래 세상의 업과 과보를 아는 지혜와, 모든 선정과 해탈과 삼매를 아는 지혜와, 모든 근의 수승하고 하열함을 아는 지혜와, 갖가지 이해를 아는 지혜와, 갖가지 경계를 아는 지혜와, 일체의 곳에 이르는 길을 아는 지혜와, 천안통의 걸림 없는 지혜와, 숙명통의 걸림 없는 지혜와, 습기를 영원히 끊는 지혜이다.

여래의 십력을 낱낱이 관찰하면, 낱낱 힘에 한량없는 뜻이 있으니 모두 마땅히 물어야 한다.

듣고 나서는 마땅히 큰 자비심을 일으켜서 중생을 관찰하여 버리고 여의지 아니하며, 모든 법을 사유하여 쉼이 없으며, 위없는 업을 행하고 과보를 구하지 아니하며, 경계가 환과 같고 꿈과 같고 그림자 같고 메아리 같고 또한 변화와 같음을 분명히 알아야 한다.

만약 모든 보살들이 능히 이와 같은 관행과 더불어 서로 응하여 모든 법에 두 가지 이해를 내지 아니하면, 일체 부처님 법이 빨리 앞에 나타나서 처음 발심할 때에 곧 아뇩다라삼먁삼보리를 얻을 것이다. 일체 법이 곧 마음의 자성임을 알아, 지혜의 몸을 성취하되 다른 이로 말미암아 깨닫지 아니할 것이다.

대방광불화엄경
제17권

17. 초발심공덕품

_____ 은(는)『대방광불화엄경』을
사경하는 인연공덕으로
『화엄경』이 널리 유통되고
우리 모두 다함께 보리 이루기를 발원하옵니다.

대방광불화엄경
제17권

17. 초발심공덕품

그때에 제석천왕이 법혜 보살에게 말씀드렸다.

"불자여, 보살이 처음 보리의 마음을 내어 얻은 공덕은 그 양이 얼마입니까?"

법혜 보살이 말씀하였다.

"이 뜻은 매우 깊어서 말하기 어렵고, 알기 어렵고, 분별하기 어렵고, 믿고 이해하기 어렵고, 증득하기 어렵고, 행하기 어렵고, 통달하기 어렵고, 사유하기 어렵고, 헤아리기 어렵고, 들어가기 어렵다. 비록 그러나 내가 마땅히 부처님의 위신력을 받들어 그대를 위하여 설하리라.

불자여, 가령 어떤 사람이 일체 즐

길거리로써 동방의 아승지 세계에 있는 중생들에게 공양하기를 한 겁을 지내고 그런 뒤에 가르쳐서 오계를 청정하게 지니게 하며, 남방과 서방과 북방과 네 간방과 상방과 하방도 또한 다시 이와 같이 하였다면, 불자여, 그대의 생각에는 어떠한가? 이 사람의 공덕이 얼마나 많은가?"

제석천왕이 말씀하였다.

"불자여, 이 사람의 공덕은 오직 부처님만 능히 아시고, 그 나머지 일체는 헤아릴 수 없습니다."

법혜 보살이 말씀하였다.

"불자여, 이 사람의 공덕을 보살이 처음 발심한 공덕에 비교하면, 백분의 일에도 미치지 못하고, 천분의 일에도 미치지 못하고, 백천분의 일에도 미치지 못하며, 이와 같이 억분과 백억분과 천억분과 백천억분과 나유타억분과 백 나유타억분과 천 나유타억분과 백천 나유타억분과 수분과 가라분과 산분과 유분과 우파니사타분의 일에도 미치지 못한다.

불자여, 이 비유는 그만두고, 가령 어떤 사람이 일체 즐길거리로써 시방의 열 아승지 세계에 있는 중생들에게 공양하기를 백겁을 지내고 그런 뒤에 가르쳐서 십선도를 닦게 하며, 이와 같이 공양하기를 천겁을 지내고 가르쳐서 사선에 머무르며, 백천겁을 지내고 가르쳐서 사무량심에 머무르며, 억겁을 지내고 가르쳐서 사무색정에 머무르며, 백억겁을 지내고 가르쳐서 수다원과에 머무르며, 천억겁을 지내고 가르쳐서 사다함과에 머무르며, 백천억겁을 지내고 가르쳐서 아나함과에 머무르며, 나유타억겁을 지내고 가르쳐서 아라한과에 머무르며, 백천 나유타억겁을 지내고 가르쳐서 벽지불도에 머무르게 하였다면, 불자여, 그대의 생각에는 어떠한가? 이 사람의 공덕이 얼마나 많은가?"

제석천왕이 말씀하였다.

"불자여, 이 사람의 공덕은 오직 부처님만 능히 아십니다."

법혜 보살이 말씀하였다.

"불자여, 이 사람의 공덕을 보살이 처음 발심한 공덕에 비교하면, 백분의 일에도 미치지 못하고, 천분의 일에도 미치지 못하고, 백천분의 일에도 미치지 못하며, 내지 우파니사타분의 일에도 또한 미치지 못한다.

무슨 까닭인가?

불자여, 일체 모든 부처님께서 처음 발심하실 때에 다만 일체 즐길거리로써 시방의 열 아승지 세계에 있는 중생들에게 공양하기를, 백겁 내지 백천 나유타억겁을 지내기 위하여 보리심을 내신 것이 아니다.

다만 그곳 중생들을 가르쳐서 오계와 십선업도를 닦게 하며, 가르쳐서 사선과 사무량심과 사무색정에 머무르게 하며, 가르쳐서 수다원과와 사다함과와 아나함과와 아라한과와 벽지불도를 얻게 하기 위하여 보리심을 내신 것이 아니다.

여래의 종성이 끊어지지 않게 하시기 위한 까닭이며, 일체 세계에 두루 가득하게 하시기 위한 까닭이며, 일체 세계의 중생들을 제도하여 해탈케 하시기 위한 까닭이다.

　일체 세계의 이루어지고 무너짐을 모두 아시기 위한 까닭이며, 일체 세계 가운데 중생들의 때묻고 깨끗함을 모두 아시기 위한 까닭이며, 일체 세계의 자성이 청정함을 모두 아시기 위한 까닭이다.

　일체 중생의 마음의 욕락과 번뇌와 습기를 모두 아시기 위한 까닭이며, 일체 중생이 여기서 죽어 저기서 태어나는 것을 모두 아시기 위한 까닭이며, 일체 중생의 모든 근과 방편을 모두 아시기 위한 까닭이다.

　일체 중생의 마음의 행을 모두 아시기 위한 까닭이며, 일체 중생의 삼세의 지혜를 모두 아시기 위한 까닭이며, 일체 부처님의 경계가 평등함을 모두 아시기 위한 까닭으로, 위없는 보리의 마음을 내신 것이다.

　불자여, 다시 이 비유는 그만두고, 가령 어떤 사람이 한 생각 사이에 동방으로 아승지 세계를 능히 지나가고, 생각생각 이와 같이 하여 아승지겁을 다하였다면, 이 모든 세계는 그 끝을 알 수 없다.

또 둘째 사람이 한 생각 사이에 앞의 사람이 아승지겁 동안 지나간 세계를 능히 지나가고, 이와 같이 하여 또 아승지겁을 다하며 차례로 점점 더하여 이에 열째 사람에게 이르렀고, 남방과 서방과 북방과 네 간방과 상방과 하방도 또한 다시 이와 같이 하였다.

불자여, 이 시방 가운데 모두 백 사람이 있어서 낱낱이 이와 같이 하여 모든 세계를 지나갔다면, 이 모든 세계는 끝을 알 수 있으나 보살이 처음 아뇩다라삼먁삼보리심을 내어서 얻은 선근은 그 끝을 알 수 없다.

무슨 까닭인가?

불자여, 보살이 제한하여 다만 그러한 세계를 지나간 것만을 분명히 알기 위하여 보리심을 내는 것이 아니라, 시방세계를 분명히 알기 위한 까닭으로 보리심을 낸 것이다.

이른바 미묘한 세계가 곧 거친 세계이고 거친 세계가 곧 미묘한 세계이며, 젖혀진 세계가 곧 엎어진 세계이고, 엎어진 세계가 곧 젖혀진 세계이며, 작은 세계가 곧 큰 세계이고 큰 세계가 곧 작은 세계이며, 넓은 세계가 곧 좁은 세계이고 좁은 세계가 곧 넓은 세계이며, 한 세계가 곧 말할 수 없는 세계이고 말할 수 없는 세계가 곧 한 세계이며, 말할 수 없는 세계가 한 세계에 들어가고 한 세계가 말할 수 없는 세계에 들어가며, 더러운 세계가 곧 깨끗한 세계이고 깨끗한 세계가 곧 더러운 세계임을 분명히 알고자 한 것이다.

 한 터럭 끝 가운데 일체 세계의 차별한 성품과 일체 세계 가운데 한 터럭 끝의 한 체성을 알고자 하며, 한 세계 가운데서 일체 세계를 출생하는 것을 알고자 하며, 일체 세계가 체성이 없음을 알고자 하며, 잠깐 동안 마음으로 일체 넓고 큰 세계를 다 알아서 장애가 없고자 하는 까닭으로 아뇩다라삼먁삼보리심을 낸 것이다.

 불자여, 다시 이 비유는 그만두고,

가령 어떤 사람이 한 생각 사이에 동방의 아승지 세계가 이루어지고 무너지는 겁의 수효를 능히 알며, 생각 생각 이와 같이 하여 아승지겁을 다 하였다면, 이 모든 겁의 수효는 그 끝을 알 수 없다.

 둘째 사람이 있어 한 생각 사이에 앞 사람의 아승지겁 동안 안 바 겁의 수효를 능히 알며, 이와 같이 널리 말하여 이에 열째 사람에게 이르렀고, 남방과 서방과 북방과 네 간방과 상방과 하방도 또한 다시 이와 같이 하였다면, 불자여, 이 시방의 아승지 세계가 이루어지고 무너지는 겁의 수효는 끝을 알 수 있으나, 보살이 처음 아뇩다라삼먁삼보리심을 낸 공덕과 선근은 그 끝을 알 수 없다.

무슨 까닭인가?

보살이 제한하여 다만 그러한 세계가 이루어지고 무너지는 겁의 수효만을 알기 위한 까닭으로 아뇩다라삼먁삼보리심을 내는 것이 아니고, 일체 세계가 이루어지고 무너지는 겁을 모두 알아서 다 남음이 없게 하기 위한 까닭으로 아뇩다라삼먁삼보리심을 낸 것이다.

 이른바 긴 겁이 짧은 겁과 평등하고 짧은 겁이 긴 겁과 평등하며, 한 겁이 수없는 겁과 평등하고 수없는 겁이 한 겁과 평등하며, 부처님 계시는 겁이 부처님 안 계시는 겁과 평등하고 부처님 안 계시는 겁이 부처님 계시는 겁과 평등하며, 한 부처님 겁 가운데 말할 수 없는 부처님이 계시고 말할 수 없는 부처님 겁 가운데 한 부처님이 계시며, 한량있는 겁이 한량없는 겁과 평등하고 한량없는 겁이 한량있는 겁과 평등하며, 다함 있는 겁이 다함없는 겁과 평등하고 다함없는 겁이 다함있는 겁과 평등하며, 말할 수 없는 겁이 한 찰나와 평등하고 한 찰나가 말할 수 없는 겁과 평등하며, 일체 겁이 겁 아닌 데 들어가고 겁 아닌 것이 일체 겁에 들어감을 아는 것이다.

한 생각 동안에 과거와 미래와 현재의 일체 세계가 이루어지고 무너지는 겁을 다 알고자 한 까닭으로 아뇩다라삼먁삼보리심을 낸 것이다.

  이 이름이 처음 발심한 큰 서원 장엄으로 일체 겁을 분명히 아는 신통한 지혜이다.

  불자여, 다시 이 비유는 그만두고, 가령 어떤 사람이 한 생각 사이에 동방의 아승지 세계에 있는 중생들의 갖가지 차별한 이해를 능히 알며, 생각생각 이와 같이 하여 아승지겁을 다하였다.

  둘째 사람이 있어 한 생각 사이에

앞의 사람이 아승지겁 동안 안 바 중생들의 모든 이해의 차별을 능히 알아서, 이와 같이 또한 아승지겁을 다하였다.

차례로 점점 더하여 이에 열째 사람에 이르렀고, 남방과 서방과 북방과 네 간방과 상방과 하방도 또한 다시 이와 같이 하였다면, 불자여, 이 시방 중생들의 갖가지 차별한 이해는 끝을 알 수 있으나, 보살이 처음 아뇩다라삼먁삼보리심을 낸 공덕과 선근은 그 끝을 알 수 없다.

무슨 까닭인가?

불자여, 보살이 제한하여 다만 그러한 중생들의 이해만을 알기 위해서 아뇩다라삼먁삼보리심을 내는 것이 아니고, 일체 세계에 있는 중생들의 갖가지 차별한 이해를 다 알기 위한 까닭으로 아뇩다라삼먁삼보리심을 낸 것이다.

이른바 일체 차별한 이해의 가없음을 알려는 까닭이며, 한 중생의 이해가 가없는 중생들의 이해와 평등한 까닭이며, 말할 수 없이 차별한 이해의 방편 지혜 광명을 얻으려는 까닭이다.

중생바다의 각각 차별한 이해를 다 남김없이 모두 알려는 까닭이며, 과거와 현재와 미래의 선하고 선하지 못한 갖가지 한량없는 이해를 모두 알려는 까닭이며, 비슷한 이해와 비슷하지 않은 이해를 모두 알려는 까닭이다.

일체 이해가 곧 한 이해이고 한 이해가 곧 일체 이해임을 모두 알려는 까닭이며, 여래의 이해하는 힘을 얻으려는 까닭이다.

　위가 있는 이해와 위가 없는 이해와, 남음이 있는 이해와 남음이 없는 이해와, 평등한 이해와 평등하지 않은 이해의 차별함을 모두 알려는 까닭이다.

　의지함 있는 이해와 의지함 없는 이해와, 함께하는 이해와 함께하지 않는 이해와, 끝이 있는 이해와 끝이 없는 이해와, 차별이 있는 이해와 차별이 없는 이해와, 선한 이해와 선하지 않은 이해와, 세간의 이해와 출세간의 이해의 차별함을 모두 알려는 까닭이다.

 일체의 묘한 이해와 큰 이해와 한량없는 이해와 바른 지위의 이해 가운데서 여래 해탈의 걸림 없는 지혜를 얻으려는 까닭이다.

 한량없는 방편으로 시방 일체 중생계의 낱낱 중생의 깨끗한 이해와 물든 이해와 넓은 이해와 간략한 이해와 세밀한 이해와 거친 이해를 모두 알아서 다 남음이 없게 하려는 까닭이다.

깊고 비밀한 이해와 방편의 이해와 분별한 이해와 자연의 이해와 인을 따라 일어나는 이해와 연을 따라 일어나는 이해와 일체 이해의 그물을 모두 알아서 모두 남음이 없게 하려는 까닭으로 아뇩다라삼먁삼보리심을 낸 것이다.

불자여, 다시 이 비유는 그만두고, 가령 어떤 사람이 한 생각 사이에 동방의 수없는 세계의 일체 중생의 모든 근이 차별함을 능히 알며, 생각생각 이와 같이 하여 아승지겁을 지냈다.

둘째 사람이 있어 한 생각 사이에 앞의 사람이 아승지겁 동안 생각생각 안 바 모든 근의 차별을 능히 알았다.

이와 같이 널리 설하여 이에 열째 사람에 이르렀고, 남방과 서방과 북방과 네 간방과 상방과 하방도 또한 다시 이와 같이 하였다면, 불자여, 이 시방세계에 있는 중생들의 모든 근이 차별함은 끝을 알 수 있으나, 보살이 처음 아뇩다라삼먁삼보리심을 낸 공덕과 선근은 그 끝을 알 수 없다.

무슨 까닭인가?

보살이 제한하여 다만 그러한 세계 중생들의 근만을 알기 위하여 아뇩다라삼먁삼보리심을 내는 것이 아니고, 일체 세계 가운데 있는 일체 중생의 근이 갖가지로 차별함을 다 알기 위해서이며, 널리 말하여 내지 일체 모든 근의 그물을 다 알려는 까닭으로 아뇩다라삼먁삼보리심을 낸 것이다.

불자여, 다시 이 비유는 그만두고, 가령 어떤 사람이 한 생각 사이에 동방의 수없는 세계에 있는 중생들의 갖가지 욕락을 능히 알며, 생각생각 이와 같이 하여 아승지겁을 다하였으며, 차례로 널리 말하여 이에 열째 사람에게 이르렀고, 남방과 서방과 북방과 네 간방과 상방과 하방도 또한 다시 이와 같이 하였다면, 이 시방 중생들이 가진 욕락은 그 끝을 알 수 있으나, 보살이 처음 아뇩다라삼먁삼보리심을 낸 공덕과 선근은 그 끝을 알 수 없다.

 무슨 까닭인가?

 불자여, 보살이 제한하여 다만 그러한 중생들의 욕락만을 알기 위하여 아뇩다라삼먁삼보리심을 내는 것이 아니고, 일체 세계에 있는 중생들의 갖가지 욕락을 다 알기 위해서이며, 널리 말하여 내지 일체 욕락의 그물을 다 알려는 까닭으로 아뇩다라삼먁삼보리심을 낸 것이다.

 불자여, 다시 이 비유는 그만두고,

가령 어떤 사람이 한 생각 사이에 동방의 수없는 세계에 있는 중생들의 갖가지 방편을 능히 알며, 이와 같이 널리 말하여 이에 열째 사람에게 이르렀고, 남방과 서방과 북방과 네 간방과 상방과 하방도 또한 다시 이와 같이 하였다면, 이 시방 중생들의 갖가지 방편은 끝을 알 수 있으나, 보살이 처음 아뇩다라삼먁삼보리심을 낸 공덕과 선근은 그 끝을 알 수 없다.

무슨 까닭인가?

불자여, 보살이 제한하여 다만 그러한 세계의 중생들의 갖가지 방편만을 알기 위하여 아뇩다라삼먁삼보리심을 내는 것이 아니고, 일체 세계에 있는 중생들의 갖가지 방편을 다 알기 위해서이며, 널리 말하여 내지 일체 방편 그물을 다 알려는 까닭으로 아뇩다라삼먁삼보리심을 낸 것이다.

불자여, 다시 이 비유는 그만두고, 가령 어떤 사람이 한 생각 사이에 동방의 수없는 세계에 있는 중생들의 갖가지 차별한 마음을 능히 알며, 널리 말하여 내지 이 시방세계에 있는 중생들의 갖가지 차별한 마음은 끝을 알 수 있으나, 보살이 처음 아뇩다라삼먁삼보리심을 낸 공덕과 선근은 그 끝을 알 수 없다.

무슨 까닭인가?

불자여, 보살이 제한하여 다만 그러한 중생들의 마음만을 알기 위하여 아뇩다라삼먁삼보리심을 내는 것이 아니고, 온 법계 허공계의 가없는 중생들의 갖가지 마음을 모두 알기 위해서이며, 내지 일체의 마음그물을 다 알려는 까닭으로 아뇩다라삼먁삼보리심을 낸 것이다.

불자여, 다시 이 비유는 그만두고, 가령 어떤 사람이 한 생각 사이에 동방의 수없는 세계에 있는 중생들의 갖가지 차별한 업을 능히 알며, 널리 말하여 내지 이 시방 중생들의 갖가지 차별한 업은 끝을 알 수 있으나, 보살이 처음 아뇩다라삼먁삼보리심을 낸 선근의 끝은 알 수 없다.
　무슨 까닭인가?
　불자여, 보살이 제한하여 다만 그러한 중생들의 업만을 알기 위하여 아뇩다라삼먁삼보리심을 내는 것이 아니고, 삼세 일체 중생들의 업을 모두 알기 위해서이며 내지 일체 업의 그물을 모두 알려는 까닭으로 아뇩다라삼먁삼보리심을 낸 것이다.

　불자여, 다시 이 비유는 그만두고, 가령 어떤 사람이 한 생각 사이에 동방의 수없는 세계에 있는 중생들의 갖가지 번뇌를 능히 알며, 생각생각 이와 같이 하여 아승지겁을 다하였다면, 이 모든 번뇌의 갖가지 차별은 그 끝을 알 수 없다.

둘째 사람이 있어 한 생각 사이에 앞의 사람이 아승지겁에 안 바 중생들의 번뇌가 차별함을 능히 알고 이와 같이 하여 다시 아승지겁을 다하였다.

차례로 널리 말하여 이에 열째 사람에게 이르렀고, 남방과 서방과 북방과 네 간방과 상방과 하방도 또한 다시 이와 같이 하였다면, 불자여, 이 시방 중생들의 번뇌가 차별한 것은 끝을 알 수 있으나, 보살이 처음 아뇩다라삼먁삼보리심을 낸 선근의 끝은 알 수 없다.

무슨 까닭인가?

불자들이여, 보살이 제한하여 다만 그러한 세계의 중생들의 번뇌만을 알기 위하여 아뇩다라삼먁삼보리심을 내는 것이 아니고, 일체 세계에 있는 중생들의 번뇌가 차별함을 다 알기 위한 까닭으로 아뇩다라삼먁삼보리심을 낸 것이다.

이른바 가벼운 번뇌와 무거운 번뇌와 잠자는 번뇌와 일어나는 번뇌와 낱낱 중생의 한량없는 번뇌의 갖가지 차별을 다 알아서 갖가지 각관으로 일체 모든 잡되고 물든 것을 깨끗하게 하려는 까닭이다.

무명을 의지한 번뇌와 애와 상응하는 번뇌를 다 알아서 일체 모든 유와 갈래의 번뇌 결박을 끊으려는 까닭이며, 탐하는 성품의 번뇌와 성내는 성품의 번뇌와 어리석은 성품의 번뇌와 동등한 성품의 번뇌를 다 알아서 일체 번뇌의 근본을 끊으려는 까닭이다.

'나'라는 번뇌와 '내 것'이라는 번뇌와 아만의 번뇌를 모두 알아서 일체의 번뇌를 깨달아 다 남음이 없게 하려는 까닭이며, 전도된 분별로부터 생겨난 근본번뇌와 수번뇌와 신견으로 인하여 생겨난 육십이견을 모두 알아서 일체 번뇌를 조복하려는 까닭이다.

덮는 번뇌와 막는 번뇌를 모두 알아서 큰 자비로 구호하려는 마음을 내어 일체 번뇌의 그물을 끊고 일체 지혜의 성품이 청정하게 하려는 까닭으로 아뇩다라삼먁삼보리심을 낸 것이다.

불자여, 다시 이 비유는 그만두고, 가령 어떤 사람이 한 생각 사이에 모든 갖가지 맛좋은 음식과 향과 꽃과 의복과 당기와 깃발과 일산과 절과 훌륭한 궁전과 보배휘장과 그물휘장과 갖가지로 장엄한 사자좌와 온갖 묘한 보배로써 동방의 수없는 모든 부처님과 그리고 수없는 세계에 있는 중생들에게 공양올리고, 공경하고 존중하고 예배하고 찬탄하며, 몸을 굽혀 우러르기를 상속하여 끊이지 않고 수없는 겁을 지냈다.

또 그 중생들에게 권하여 모두 이와 같이 부처님께 공양올리고, 부처님께서 열반하신 뒤에는 각각 탑을 세우되, 그 탑이 높고 넓으며 수없는 세계의 온갖 보배로 이루어 갖가지로 장엄하였으며, 낱낱 탑 가운데 각각 수없는 여래의 형상을 모시고, 광명이 수없는 세계에 두루 비치게 하며, 수없는 겁을 지냈다.

　남방과 서방과 북방과 네 간방과 상방과 하방도 또한 다시 이와 같이 하였다면, 불자여, 그대의 생각에는 어떠한가? 이 사람의 공덕이 얼마나 많은가?"

　제석천왕이 대답하였다.

　"이 사람의 공덕은 오직 부처님만 아시고, 다른 이는 헤아릴 수 없습니다."

"불자여, 이 사람의 공덕을 보살이 처음 발심한 공덕에 비교하면, 백분의 일에도 미치지 못하고, 천분의 일에도 미치지 못하고, 백천분의 일에도 미치지 못하며, 내지 우파니사타분의 일에도 미치지 못한다.

불자여, 다시 이 비유는 그만두고, 가령 다시 둘째 사람이 있어 한 생각 사이에 앞의 사람과 수없는 세계에 있는 중생들이 수없는 겁 동안 공양올렸던 일을 지으며, 생각생각 이와 같이 하여 한량없는 종류의 공양거리로써 한량없는 모든 부처님 여래와 한량없는 세계에 있는 중생들에게 공양올리며 한량없는 겁을 지냈다.

그 셋째 사람과 내지 열째 사람도 다 또한 이와 같이 하여 한 생각 사이에 앞의 사람이 공양올렸던 일을 능히 지으며, 생각생각 이와 같이 하여 가없고, 같음이 없고, 셀 수 없고, 일컬을 수 없고, 생각할 수 없고, 헤아릴 수 없고, 말할 수 없고, 말할 수 없이 말할 수 없는 공양거리로써, 가없고 내지 말할 수 없이 말할 수 없는 모든 부처님과 그러한 세계에 있는 중생들에게 공양올리며, 가없고 내지 말할 수 없이 말할 수 없는 겁을 지냈다. 부처님께서 열반하신 뒤에는 각각 탑을 세우되 그 탑의 높고 넓음과, 내지 머무르는 겁도 또한 다시 이와 같았다.

불자여, 이 앞의 공덕을 보살이 처음 발심한 공덕에 비교하면, 백분의 일에도 미치지 못하고, 천분의 일에도 미치지 못하고, 백천분의 일에도 미치지 못하며, 내지 우파니사타분의 일에도 또한 미치지 못한다.

무슨 까닭인가?

불자여, 보살마하살이 제한하여 다만 그곳 부처님에게만 공양올리기 위하여 아뇩다라삼먁삼보리심을 내는 것이 아니고, 온 법계 허공계의 말할 수 없이 말할 수 없는 시방의 한량없는 과거와 미래와 현재의 모든 부처님께 공양올리기 위한 까닭으로 아뇩다라삼먁삼보리심을 낸 것이다.

 이 마음을 내고는 과거의 일체 모든 부처님께서 비로소 정각을 이루신 것과 열반에 드신 것을 능히 알며, 미래의 일체 모든 부처님께서 가지실 선근을 능히 믿으며, 현재의 일체 모든 부처님께서 가지고 계시는 지혜를 능히 안다.

 저 모든 부처님께서 가지신 공덕을 이 보살이 능히 믿고, 능히 받고, 능히 닦고, 능히 얻고, 능히 알고, 능히 증득하고, 능히 성취하여, 능히 모든 부처님과 더불어 평등한 한 성품이다.

무슨 까닭인가?

이 보살이 일체 여래의 종성을 끊지 않기 위한 까닭으로 발심하며, 일체 세계에 두루 가득하기 위한 까닭으로 발심하며, 일체 세계의 중생들을 제도하여 해탈케 하기 위한 까닭으로 발심한 것이다.

일체 세계의 이루어지고 무너짐을 모두 알기 위한 까닭으로 발심하며, 일체 중생의 때묻고 깨끗함을 모두 알기 위한 까닭으로 발심하며, 일체 세계의 삼유가 청정함을 모두 알기 위한 까닭으로 발심하며, 일체 중생의 마음의 욕락과 번뇌와 습기를 모두 알기 위한 까닭으로 발심한 것이다.

일체 중생이 여기서 죽어서 저기에서 태어나는 것을 모두 알기 위한 까닭으로 발심하며, 일체 중생의 모든 근과 방편을 모두 알기 위한 까닭으로 발심하며, 일체 중생의 마음의 행을 모두 알기 위한 까닭으로 발심하며, 일체 중생의 삼세의 지혜를 모두 알기 위한 까닭으로 발심한 것이다.

발심하였으므로 항상 삼세의 일체 모든 부처님의 생각하시는 바가 되며, 마땅히 삼세의 일체 모든 부처님의 위없는 보리를 얻을 것이다.

곧 삼세의 일체 모든 부처님께서 그에게 묘한 법을 주시며, 곧 삼세의 일체 모든 부처님과 더불어 체성이 평등하며, 삼세의 일체 모든 부처님의 도를 돕는 법을 이미 닦았으며, 삼세의 일체 모든 부처님의 힘과 두려움 없음을 성취하며, 삼세의 일체 모든 부처님의 함께하지 않는 불법을 장엄하며, 법계의 일체 모든 부처님의 설법하시는 지혜를 모두 얻을 것이다.

무슨 까닭인가?

이 발심으로써 마땅히 부처가 되기 때문이다.

마땅히 알아야 한다. 이 사람은 곧 삼세의 모든 부처님과 동등하며, 곧 삼세의 모든 부처님 여래의 경계와 평등하며, 곧 삼세의 모든 부처님 여래의 공덕과 평등하며, 여래의 한 몸과 한량없는 몸이 끝까지 평등한 진실한 지혜를 얻을 것이다.

겨우 발심할 때에, 곧 시방의 일체 모든 부처님께서 함께 칭찬하시는 바가 되며, 곧 능히 법을 설하여 일체 세계에 있는 중생들을 교화하고 조복하며, 곧 능히 일체 세계를 진동하며, 곧 능히 광명으로 일체 세계를 비추며, 곧 능히 일체 세계의 모든 악도의 고통을 소멸한다.

곧 능히 일체 국토를 깨끗이 장엄하며, 곧 능히 일체 세계에서 성불함을 나타내 보이며, 곧 능히 일체 중생을 모두 환희하게 하며, 곧 능히 일체 법계의 성품에 들어가며, 곧 능히 일체 부처님의 종성을 지니며, 곧 능히 일체 부처님의 지혜 광명을 얻는다.

이 처음 발심한 보살은 삼세에 대하여 조금도 얻은 것이 없다. 이른바 모든 부처님이나 모든 부처님법이나 보살이나 보살법이나 독각이나 독각법이나 성문이나 성문법이나 세간이나 세간법이나 출세간이나 출세간법이나 중생이나 중생법이다. 오직 일체지만 구할 뿐이므로 모든 법계에 마음이 집착하는 바가 없다."

그때에 부처님의 위신력으로 시방의 각각 일만 부처님 세계 미진수의 세계가 여섯 가지로 진동하였다.

이른바 흔들흔들하고 두루 흔들흔들하고 온통 두루 흔들흔들하며, 들먹들먹하고 두루 들먹들먹하고 온통 두루 들먹들먹하며, 울쑥불쑥하고 두루 울쑥불쑥하고 온통 두루 울쑥불쑥하며, 우르르하고 두루 우르르하고 온통 두루 우르르하며, 와르릉하고 두루 와르릉하고 온통 두루 와르릉하며, 와지끈하고 두루 와지끈하고 온통 두루 와지끈하였다.

온갖 하늘꽃과 하늘향과 하늘가루향과 하늘화만과 하늘옷과 하늘보배와 하늘장엄거리를 비내리며, 하늘기악을 연주하고, 하늘광명을 놓으며, 하늘음성을 내었다.

이때에 시방으로 각각 열 부처님 세계 미진수의 세계 밖을 지나서 일만 부처님 세계 미진수의 부처님이 계시니 한가지로 명호가 법혜이시다. 각각 그 몸을 나타내시어 법혜보살 앞에서 이와 같이 말씀하셨다.

"훌륭하고 훌륭하도다, 법혜여. 그대가 방금 능히 이 법을 말하였도다. 시방의 각각 일만 부처님 세계 미진수의 우리 부처님도 또한 이 법을 설하시고, 일체 모든 부처님도 다 이와 같이 설하신다.

그대가 이 법을 말할 때에 일만 부

처님 세계 미진수의 보살들이 있어 보리심을 내었으며, 우리들이 지금 모두 그들에게 수기를 주되, 미래세에 일천 말할 수 없는 가없는 겁을 지나서, 같은 겁 가운데서 부처를 이루어 세상에 출현하니 다 청정심여래라 이름하며, 머무르는 세계는 각각 차별하다.

우리들이 모두 마땅히 이 법을 보호하여 지녀서 미래세 일체 보살의 일찍이 듣지 못한 자들로 하여금 모두 다 듣게 할 것이다.

이 사바세계 사천하의 수미산 정상에서 이와 같은 법을 설하여 모든 중생들로 하여금 듣고서 교화를 받게 하는 것처럼, 이와 같이 시방의 백천억 나유타와 수없고, 한량없고, 가없고, 같음이 없고, 셀 수 없고, 일컬을 수 없고, 생각할 수 없고, 헤아릴 수 없고, 말할 수 없는 온 법계 허공계의 모든 세계 가운데서도 또한 이 법을 설하여 중생들을 교화한다.

그 법을 설하는 자는 한가지로 이름이 법혜이다. 모두 부처님의 위신력인 까닭이며, 세존의 본래 원력인 까닭이며, 부처님 법을 나타내 보이려 하기 위한 까닭이며, 지혜 광명으로써 널리 비추기 위한 까닭이다.

실상의 이치를 천명하려 하기 위한 까닭이며, 법의 성품을 증득케 하기 위한 까닭이며, 모인 대중들을 모두 환희케 하려는 까닭이며, 불법의 인을 열어 보이려 하기 위한 까닭이며, 일체 부처님의 평등을 얻기 위한 까닭이며, 법계가 둘이 없음을 알기 위한 까닭으로 이와 같은 법을 설한다."

그때에 법혜 보살이 온 허공계 시방국토의 일체 대중모임을 널리 관찰하고 모든 중생들을 모두 성취하려는 까닭이며, 모든 업과 과보를 모두 깨끗이 다스리려는 까닭이며, 청정한 법계를 모두 나타내려는 까닭이며, 뒤섞여 물든 근본을 모두 뽑아 버리려는 까닭이다.

넓고 큰 신심과 이해를 모두 증장하려는 까닭이며, 한량없는 중생들의 근기를 모두 알게 하려는 까닭이며, 삼세의 법이 평등함을 모두 알게 하려는 까닭이며, 열반의 세계를 모두 관찰하게 하려는 까닭이며, 스스로의 청정한 선근을 증장하려는 까닭으로, 부처님의 위신력을 받들어 곧 게송을 설하여 말씀하였다.

세간을 이롭게 하기 위해
큰마음을 내니
그 마음이
널리 시방의
중생과 국토와
삼세의 법과

부처님과 보살의 가장 수승한
바다에 두루하도다.

허공의 구경인
평등한 법계의
있는 바
일체 모든 세간에
모든 부처님 법과 같이
다 나아가
이와 같이 발심하여
퇴전함이 없도다.

중생을 자애롭게 생각하여
잠시도 버리지 않고
모든 괴로움과 해침을 여의어
널리 요익케 하며
광명으로 세간을 비추어
귀의할 곳이 되니
십력으로 호념함이
사의하기 어렵도다.

시방의 국토에
모두 들어가서
일체 형색을

다 나타내 보이되
부처님의 복과 지혜가
넓고 가없듯이
수순하여 인행을 닦고
집착하는 바가 없도다.

어떤 세계는 젖혀져 있고
혹은 붙어 있고 엎어져 있으며
거칠고 미묘하고
넓고 크고 한량없는 종류인데
보살이 한 번
최상의 마음을 내니

모두 능히 나아가
다 걸림이 없도다.

보살의 수승한 행은
말할 수 없으니
다 부지런히 닦아 익혀
머무르는 바 없고
일체 부처님을 친견하고
항상 기뻐하면서
그 깊은 법바다에
널리 들어가도다.

다섯 갈래의 모든 군생들을
가엾게 여겨
더러운 때를 없애
널리 청정하게 하며
부처님의 종성을 이어서
끊어지지 않게 하고
마군의 궁전을 부수어
남음이 없게 하도다.

여래의 평등한 성품에
이미 머물러
미묘한 방편도를

잘 닦으며
부처님의 경계에
신심을 내어
부처님의 관정을 얻되
마음이 집착이 없도다.

양족존의 처소에
보은을 생각하여
마음이 금강과 같아
막을 수 없으며
부처님의 행 하시는 일
능히 비추어 알아서

자연히 보리행을
닦아 익히도다.

모든 갈래가 차별하여
생각이 한량없고
업과 과보와 마음도
하나가 아니며
내지 근기와 성품도
각각 다름을
큰마음 한 번 내어
모두 밝게 보도다.

그 마음이 넓고 커서
법계와 같고
의지 없고 변함없어
허공과 같으며
부처님의 지혜에 향해도
취하는 바 없어
실제를 잘 알아서
분별을 여의었도다.

중생 마음을 알아도
중생이라는 생각이 없고
모든 법을 요달해도

법이라는 생각이 없으며
비록 널리 분별하여도
분별이 없어
억 나유타 세계에
다 나아가도다.

한량없는 모든
부처님의 묘한 법장에
수순하여 관찰하며
모두 능히 들어가서
중생의 근성과 행을
알지 못함이 없으니

이러한 곳에 이르름이
세존과 같도다.

청정한 큰 서원과
항상 서로 응하여
여래께 즐겨 공양올려
퇴전하지 않고
인간과 천신이 보는 이가
싫어함이 없어
늘 모든 부처님께서
호념하시는 바가 되도다.

그 마음이 청정하여
의지하는 데 없고
비록 깊은 법을 관하나
취하지 않으며
이와 같이 한량없는 겁을
사유하여도
삼세 가운데서
집착하는 바가 없도다.

그 마음이 견고하여
제어하기 어렵고
부처님의 보리에 나아감에

장애가 없으며
묘한 도리를 구하여
몽매한 의혹을 없애니
법계에 두루 다녀도
피로하다 하지 않도다.

언어의 법이
다 적멸함을 알아서
다만 진여에 들어가고
다른 이해를 끊었으니
모든 부처님의 경계를
모두 따라 관찰하고

삼세를 통달하여
마음에 걸림이 없도다.

보살이 비로소
넓고 큰 마음을 내어
곧 시방세계에
능히 두루 가서
법문이 한량없어
말할 수 없음을
지혜 광명으로 널리 비추어
다 밝게 알도다.

대비로 널리 제도하심이
가장 비할 데 없고
자애로운 마음이 널리 두루하여
허공과 같아서
중생들에게
분별하지 아니하니
이와 같이 청정하게
세간에 노닐도다.

시방의 중생들을
모두 위안하고
일체의 짓는 일이

다 진실하며
언제나 깨끗한 마음으로
다른 말 없어
항상 모든 부처님의
한 가지 가호하심이 되도다.

과거에 있던 일을
다 기억하고
미래의 일체를
모두 분별하며
시방세계에
그 가운데 널리 들어가

중생들을 제도하여
벗어나게 하도다.

보살이 묘한
지혜 광명을 구족하여
인연을 잘 알아
의심이 없으며
일체 미혹을
다 끊어 없애고
이와 같이 법계에
노닐도다.

마왕의 궁전들을
모두 부숴 버리고
중생의 가린 막을
모두 없애며
모든 분별을 여의고
마음이 동요하지 아니하여
여래의 경계를
잘 알도다.

삼세의 의심그물을
모두 이미 없애고
여래의 처소에서

청정한 신심을 내어
믿음으로
부동의 지혜를 이루었으니
지혜가 청정한 까닭에
이해도 진실하도다.

중생들이 벗어남을
얻게 하기 위하여
미래제가 다하도록
널리 요익케 하되
긴 세월 애를 써도
마음이 싫어함이 없으며

내지 지옥도
또한 편안히 받아들이도다.

한량없는 복과 지혜를
모두 구족하고
중생들의 근기와 욕망을
모두 분명히 알며
모든 업과 행동을
보지 않음이 없어서
그 즐겨하는 바와 같이
법을 설하도다.

일체가 공하여
무아임을 분명히 알되
자애로 중생들을 생각하여
항상 버리지 않고
한 대비의
미묘한 음성으로
세간에 널리 들어가서
연설하도다.

갖가지 빛깔의
큰 광명을 놓아서
중생들을 널리 비추어

암흑을 없애니
광명 속에 보살이
연꽃에 앉아서
대중들을 위해
청정한 법을 천양하도다.

한 터럭 끝에 나타낸
온갖 세계에
모든 큰 보살들이
다 충만한데
모인 대중들의 지혜가
각각 같지 아니하나

모두 능히 중생 마음을
밝게 알도다.

시방세계가
불가설이나
한 생각에 두루 다녀
다하지 않음이 없어
중생들을 이롭게 하며
부처님께 공양올리고
모든 부처님 처소에서
깊은 뜻을 묻도다.

모든 여래께
아버지라는 생각을 짓고
중생들을 이롭게 하기 위하여
깨달음의 행을 닦으며
지혜의 선교로
법장을 통달하여
깊은 지혜에 들어가도
집착하는 바가 없도다.

수순하여 사유하고
법계를 설하는 것이
한량없는 겁을 지내도

다할 수 없고
지혜로 비록 잘 들어가나
처소가 없으며
피로해하거나 싫어함이 없고
집착도 없도다.

삼세의 모든 부처님 집에
태어나서
여래의 묘한 법신을
증득하였고
널리 군생들을 위해
여러 몸을 나타내니

마치 마술사가
짓지 못함이 없는 것과 같도다.

혹은 수승한 행을
비로소 닦음을 나타내고
혹은 처음 태어나고
출가함을 나타내며
혹은 보리수 아래에서
보리 이룸을 나타내며
혹은 중생들을 위하여
열반을 보이도다.

보살이 머무르는 바
희유한 법은
오직 부처님의 경계이고
이승이 아니니
몸과 말과 뜻과 생각을
다 이미 없애고
갖가지로 마땅함을 따라
모두 능히 나타내도다.

보살이 얻은 바
모든 부처님 법은
중생이 사유하면

광란을 일으키나
지혜로 실제에 들어가
마음이 걸림이 없어
여래의 자재한 힘을
널리 나타내도다.

이것도 세간에서
더불어 같음이 없는데
어찌 하물며
다시 더욱 수승한 행이겠는가
비록 일체 지혜를
구족하지는 못하였으나

이미 여래의 자재한 힘을
얻었도다.

이미 구경의
일승도에 머물러
미묘하고 가장 높은 법에
깊이 들어가
중생들의 때와 때 아님을
잘 알아서
이롭게 하기 위하여
신통을 나타내도다.

분신이 일체 세계에
두루 가득하여
청정한 광명을 놓아
세상의 어두움을 없애니
마치 용왕이
큰 구름을 일으켜서
묘한 비를 널리 내려
모두 충분히 적심과 같도다.

중생들이
환몽과 같아서
업력으로

항상 유전함을 관찰하고
대비로 가엾게 여겨
모두 구제하여
함이 없는
청정한 법성을 설하도다.

부처님 힘이 한량없으니
이 또한 그러해
마치 허공이
끝이 없음과 같고
중생들이 해탈을
얻게 하기 위하여

억겁 동안 부지런히 수행하여
게으르지 않도다.

갖가지 미묘한
공덕을 사유하여
위없는 제일가는 업을
잘 닦아서
모든 수승한 행을
항상 버리지 아니하고
오로지 일체지를
이룰 것만 생각하도다.

한 몸으로 한량없는 몸을
나타내 보여
일체 세계에
모두 두루하여도
그 마음은 청정하여
분별없으니
한 생각의 사의하기 어려운
힘이 이와 같도다.

모든 세간을
분별하지 않으며
일체 법에

망상이 없어서
비록 모든 법을 관하되
취하지 않고
항상 중생을 구제해도
제도한 바가 없도다.

일체 세간은
오직 이 생각뿐이나
그 가운데 갖가지로
각각 차별하니
생각의 경계가
험하고 또 깊은 줄 알아서

신통을 나타내어
구제해 해탈케 하도다.

마치 마술사의
자재한 힘과 같이
보살의 신통 변화도
또한 이와 같아서
몸이 법계와 허공에
두루하여
중생 마음 따라
보이지 아니함이 없도다.

분별의 주체와 대상
둘 다 여의고
물들고 청정함을
취하는 바 없으며
속박이나 해탈을
지혜로 모두 잊고서
다만 널리 중생들에게
안락 주기를 원하도다.

일체 세간이
오직 생각의 힘일 뿐이라
지혜로 들어가

마음이 두려움이 없으며
모든 법을 사유함도
또한 다시 그러하여
삼세에 추구하여도
얻을 수 없도다.

과거에 능히 들어가
과거를 다 마치고
미래에 능히 들어가
미래를 다 마치며
현재의 일체 곳에
능히 들어가

항상 부지런히 관찰해도
있는 것 없도다.

열반의 적멸한 법을
수순하여
다툼 없고 의지할 곳 없는 데에
머무르며
마음이 실제와 같아
더불어 같음이 없어서
오로지 보리를 향해
길이 물러나지 않도다.

모든 수승한 행을 닦아
물러나 겁냄이 없고
보리에 안주하여
동요하지 않으며
부처님과 보살과
더불어 세간과
온 법계를
다 분명히 알도다.

가장 수승하고 제일인
도를 얻어서
일체 지혜의 해탈왕이

되고자 하면
마땅히 보리심을
빨리 내어서
모든 번뇌를 길이 끊고
중생들을 이익케 할지어다.

보리를 향해 나아가는
마음이 청정하며
공덕이 넓고 커서
말할 수 없으나
중생을 이롭게 하기 위해
말하노니

그대들 모든 어진이들은
마땅히 잘 들을지어다.

한량없는 세계를
다 티끌 만들고
낱낱 티끌 속에
한량없는 세계인데
그 가운데 모든 부처님께서
다 한량없으심을
모두 능히 밝게 보아도
취할 바가 없도다.

중생을 잘 알아도
중생이라는 생각이 없고
언어를 잘 알아도
언어라는 생각이 없으며
모든 세계에
마음이 걸림이 없어서
모두 잘 분명히 알아
집착할 바가 없도다.

그 마음이 넓고 커서
허공과 같아
삼세의 일을

모두 밝게 통달하고
일체 의혹을
다 없애버려서
불법을 바로 보아
취할 바가 없도다.

시방의 한량없는
모든 국토에
한 생각에 나아가
마음이 집착함이 없어서
세간의 온갖
괴로운 법이 모두

남이 없는 진실제에 머무름을
분명히 통달하였도다.

한량없고 생각하기 어려운
모든 부처님 처소에
그 회상에
모두 나아가 뵈옵고
항상 상수가 되어서
여래께
보살이 닦는
모든 원행을 묻도다.

마음은 항상
시방의 부처님을 생각하되
의지할 바도 없고
취할 바도 없으며
항상 중생에게 권하여
선근을 심어서
국토를 장엄하여
청정하게 하도다.

일체 갈래의 중생과
삼유의 세계를
걸림 없는 눈으로

다 관찰하고
있는 바 습성과
모든 근기와 이해의
한량없고 가없음을
모두 밝게 보도다.

중생들의 욕락을
모두 분명히 알아서
이와 같이 마땅함을 따라
법을 설하며
모든 물들고 깨끗함을
다 통달하여

그들에게 닦아 다스려
도에 들게 하도다.

한량없고 수없는
모든 삼매에
보살이 한 생각에
다 능히 들었고
그 가운데 생각하는 지혜와
반연할 것을
모두 잘 분명히 알아서
자재함을 얻도다.

보살이
이 넓고 큰 지혜를 얻어서
빨리 보리로 향하는 데에
걸리는 바가 없으며
모든 군생들을
이롭게 하고자 하여
곳곳에서 대인의 법을
선양하도다.

세간의
길고 짧은 겁과
한 달 반달과

낮밤과
국토가 각각 다르나
성품은 평등함을 잘 알아서
항상 부지런히 관찰하여
방일하지 않도다.

시방의 모든 세계에
널리 나아가도
방소와 처소에
취하는 것이 없고
남김없이
국토를 깨끗이 장엄하여도

또한 일찍이 깨끗하다는
분별을 내지 않도다.

중생의 옳은 도리와
그른 도리와
모든 업으로 받은 과보가
다른 것을
수순하고 사유하여
부처님의 힘에 들어가
여기에서 일체를
모두 분명히 알도다.

일체 세간의
갖가지 성품과
갖가지 소행으로
삼유에 머무름과
예리한 근기와 더불어
중근기 하근기와
이와 같은 일체를
다 관찰하도다.

깨끗하고 깨끗하지 못한
갖가지 이해와
수승하고 하열함과 중간을

모두 밝게 보며
일체 중생이 행으로
이르러 갈 곳과
삼유가 상속함을
다 능히 말하도다.

선정과 해탈과
모든 삼매의
물들고 깨끗한 인의 일어남이
각각 다르고
앞선 세대의
괴로움과 즐거움이 다름을

부처님의 힘을 깨끗이 닦아
다 능히 보도다.

중생의 미혹과 업으로
모든 갈래에 이어짐과
이 모든 갈래를 끊고
적멸을 얻음과
갖가지 번뇌법이
길이 나지 않음과
아울러 그 습기와 종자를
모두 분명히 알도다.

여래는 번뇌를
다 없애셔서
대지혜 광명이
세상을 비추니
보살이 부처님의
열 가지 힘에
비록 아직 증득하지 못했으나
또한 의심이 없도다.

보살이
한 모공 가운데
시방의 한량없는

세계를 널리 나타내니
혹 어떤 세계는 잡되고 물들며
혹은 청정해
갖가지 업 지음을
다 능히 알도다.

한 미진 중의
한량없는 세계에
한량없는 부처님과
불자들과
모든 세계들이 각각 달라도
잡란하지 않아

하나처럼 일체를
모두 밝게 보도다.

한 모공에서
시방의
온 허공계
모든 세간을 보니
한 곳도 텅 비어
부처님 안 계신 곳이 없어서
이와 같이 불세계가
모두 청정하도다.

모공 속에서
부처님 세계를 보고
다시 일체 모든
중생들을 보니
삼세의 여섯 갈래가
각각 같지 않으며
낮밤과 달에 때때로
속박과 해탈이 있도다.

이와 같은 큰 지혜의
모든 보살들이
전심으로

법왕 지위에 향해 나아가
부처님께서 머무르신 바를
따라 사유하고
가없는 큰 환희를
얻었도다.

보살의 분신들이
한량없는 억이라
일체 모든 여래께
공양올리며
신통 변화 나타냄이
수승하여 비할 데 없어

부처님께서 행하신 곳에
다 능히 머무르도다.

한량없는 부처님 처소에서
다 깊이 공부하며
있는 바 법장을
모두 깊이 맛보며
부처님을 친견하고 법문을 들어
부지런히 수행하니
감로수를 마신 듯이
마음이 환희하도다.

여래의 수승한 삼매를
이미 얻어서
모든 법에 잘 들어가
지혜가 증장하며
신심이 동요하지 않음이
수미산 같아서
군생들의 공덕장을
널리 짓도다.

자애로운 마음이 넓고 커서
중생들에게 두루하여
모두 일체지를

빨리 이루기를 원하되
언제나 집착함이 없고
의지한 데 없어서
모든 번뇌를 여의어
자재함을 얻었도다.

중생을 가엾게 여기는
넓고 큰 지혜로
일체를 널리 거두어
내 몸과 같게 하여
공하고 모양 없고
진실함이 없음을 알되

그 마음을 행하여서
게을러 물러나지 않도다.

보살이 발심한
공덕의 양은
억겁을 칭찬해도
다할 수 없으니
일체 모든 여래와
독각과 성문의
안락을
출생하기 때문이로다.

시방 국토의
모든 중생들에게
모두 다 한량없는 겁 동안
안락을 보시하고
오계와 십선과
사선과 사무량심과
모든 선정을
권하여 지니게 하며

다시 많은 겁에
안락을 보시하고
모든 미혹을 끊고

아라한을 이루게 하면
저 모든 복더미가
비록 한량없으나
발심한 공덕과는
비할 수 없도다.

또 억 중생을 가르쳐서
연각을 이루며
다툼 없는 행의 미묘한 도를
얻게 하여도
그것으로써
보리심에 비교한다면

산수나 비유로도
능히 미치지 못하도다.

한 생각에
티끌 수의 세계를 능히 지나고
이와 같이 한량없는 겁을
지낼지라도
이 모든 세계의 수효는
오히려 헤아릴 수 있어도
발심한 공덕은
알지 못하도다.

과거와 미래와
현재의
있는 바 겁의 수효는
그지없으나
이 모든 겁의 수효는
오히려 알 수 있어도
발심한 공덕은
능히 측량하지 못하도다.

보리심으로
시방에 두루하여서
있는 바 분별을

모두 다 알고
한 생각에 삼세를
모두 밝게 통달하여
한량없는 중생들을
이익케 한 까닭이로다.

시방세계
모든 중생들의
욕망과 이해와 방편과
뜻의 소행과
그리고 허공의 경계까지
측량할 수 있어도

발심한 공덕은
양을 알기 어렵도다.

보살의 뜻과 원이
시방과 같으며
자애로운 마음이
모든 중생들을 널리 적셔서
모두 부처님의 공덕을 닦아
이루게 하니
그러므로 그 힘이
끝이 없도다.

중생들의 욕망과 이해와
마음이 즐겨하는 것과
모든 근성과 방편과
행이 각각 다름을
한 생각에
모두 분명히 알아서
일체 지혜의 지혜와
마음이 동등하도다.

일체 중생의
모든 미혹과 업으로
삼유가 상속하여

잠깐도 끊어짐이 없으니
이 모든 끝 간 데는
오히려 알 수 있어도
발심한 공덕은
사의하기 어렵도다.

발심으로 업과 번뇌를
능히 여의고
일체의 모든 여래께
공양올리니
업과 미혹을 이미 여의어
상속이 끊어져서

널리 삼세에서
해탈을 얻도다.

한 생각에 가없는
부처님께 공양올리고
또한 수없는 모든 중생들에게
공양하되
모두 향과 꽃과
미묘한 화만과
보배 깃대와 깃발과
일산과 좋은 의복과

좋은 음식과 보배 자리와

경행하는 곳과

갖가지 궁전이

모두 장엄하여 아름다움과

비로자나의

미묘한 보배 구슬과

여의 마니의

찬란한 광명으로

생각생각

이와 같이 공양올려서

한량없고 말할 수 없는

겁을 지내면
그 사람의 복더미가
비록 많으나
발심한 공덕이 큼에는
미치지 못하도다.

말한 바 갖가지
온갖 비유들로도
보리심에는
능히 미치지 못하니
모든 삼세의 사람들 가운데
존귀하신 분이

다 발심으로부터
나심이로다.

발심은 걸림 없고
제한이 없으니
그 양을 구하려 하여도
얻지 못하고
일체 지혜의 지혜를
맹세코 반드시 이루어
있는 바 중생들을
다 길이 제도하도다.

발심은 넓고 커서
허공과 같고
모든 공덕을 넘은
법계와 같으니
행하는 바가 널리 두루 같아
다름이 없어서
온갖 집착을 길이 여의어
부처님과 평등하도다.

일체 법문에
들어가지 못함이 없고
일체 국토에

모두 능히 나아갔으며
일체 지혜의 경계를
다 통달하였고
일체 공덕을
다 성취하였도다.

일체를 능히 버림을
항상 계속하고
모든 계품을 청정하게 하여
집착하는 바가 없으며
위없는 큰 공덕을
구족하고

항상 부지런히 정진하여
퇴전함이 없도다.

깊은 선정에 들어가서
항상 사유하고
넓고 큰 지혜와
한가지로 서로 응하니
이것은 보살들의
가장 수승한 지위이며
일체 보현의 도를
출생하도다.

삼세의 일체
모든 여래께서
초발심한 이를
다 호념하시며
모두 삼매와
다라니와
신통과 변화로써
한가지로 장엄하도다.

시방의 중생들이
한량이 없고
세계와 허공도

또한 이와 같은데
발심의 한량없음이
저보다 더하니
그러므로 일체 부처님을
능히 출생하도다.

보리심은
십력의 근본이고
또 사무애변과 사무소외의
근본이 되며
십팔불공법도
또한 그러하니

다 발심으로부터
얻지 아니함이 없도다.

모든 부처님의 색상으로
장엄한 몸과
평등하고 미묘한
법신과
지혜로 집착 없이
공양에 응하는 몸이
모두 발심으로써
있게 되었도다.

일체 독각과
성문승과
색계의 모든 선정
삼매의 즐거움과
무색계의
모든 삼매들이
모두 발심으로써
근본을 삼았도다.

일체 인간과 천신들의
자재한 즐거움과
모든 갈래의

갖가지 즐거움과
정진과 선정과 오근과 오력 등
온갖 즐거움이
다 초발심을
말미암지 않음이 없도다.

넓고 큰 마음을
일으킨 것을 인하여
여섯 가지 바라밀을
능히 수행하고
모든 중생들에게 바른 행을
행하길 권하여

삼계에서 안락을
받게 하도다.

부처님의 걸림 없고
진실한 지혜에 머물러
있는 바 묘한 업을
다 열어 보여서
능히 한량없는
모든 중생들이
미혹과 업을 모두 끊고
열반을 향하게 하도다.

지혜의 광명은
맑은 해와 같고
온갖 행을 구족함은
보름달과 같으며
공덕이 항상 가득함은
큰 바다와 같고
때 없고 걸림 없음은
허공과 같도다.

가없는 공덕 원을
널리 내어서
일체 중생에게

즐거움을 주며
미래제가 다하도록
원행에 의지하여
항상 부지런히 닦아 익혀
중생을 제도하도다.

한량없는 큰 원력은
사의하기 어려우니
중생들이 모두
청정하기를 원하고
공과 무상과 무원과
의지처가 없음을

원력으로
다 밝게 나타내도다.

법의 자성이
허공과 같고
일체가 적멸하여
모두 평등함을 알아서
법문이 무수하여
말할 수 없으나
중생을 위해 설하되
집착하는 바가 없도다.

시방세계의
모든 여래께서
모두 함께 초발심을
찬탄하시니
이 몸이 한량없는 덕으로
장엄한 바라
능히 피안에 이르러
부처님과 같으리라.

중생의 수효와 같은
그러한 겁 동안
그 공덕을 말하여도

다할 수 없으며
여래의 넓고 큰 집에
머무르므로
삼계의 모든 법으로는
비유할 수 없도다.

일체 모든 부처님의 법을
알고자 하면
마땅히 빨리
보리심을 낼지니
이 마음은 공덕 가운데
가장 수승하여

반드시 여래의
걸림 없는 지혜를 얻도다.

중생의 마음의 행을 세어서
알 수 있고
국토의 미진 또한
다시 그러하며
허공의 끝은
잠시 헤아릴 수 있어도
발심한 공덕은
능히 측량하지 못하도다.

삼세의 일체 부처님을
출생하고
세간의 일체 즐거움을
성취하며
일체 수승한 공덕을
증장하여
일체 모든 의혹들을
길이 끊도다.

일체 묘한 경계를
열어 보이고
일체 모든 장애를

다 없애며
일체 청정한 세계를
성취하여
일체 여래 지혜를
출생하도다.

시방의 일체 부처님을
친견하고자 하며
다함없는 공덕장을
베풀고자 하며
중생의 모든 고뇌를
없애려 하면

마땅히 빨리
보리심을 낼지어다.

〈대방광불화엄경 제17권〉

회향송

아차보현수승행
무변승복개회향
보원침익제중생
속왕무량광불찰

시방삼세일체불
제존보살마하살
마하반야바라밀

廻向頌

我此普賢殊勝行
無邊勝福皆迴向
普願沈溺諸眾生
速往無量光佛刹

十方三世一切佛
諸尊菩薩摩訶薩
摩訶般若波羅蜜

大方廣佛華嚴經 — 부록

- 대방광불화엄경 목차

- 간행사

대방광불화엄경 목차

〈제1회〉

제1권	제1품	세주묘엄품 [1]
제2권	제1품	세주묘엄품 [2]
제3권	제1품	세주묘엄품 [3]
제4권	제1품	세주묘엄품 [4]
제5권	제1품	세주묘엄품 [5]
제6권	제2품	여래현상품
제7권	제3품	보현삼매품
	제4품	세계성취품
제8권	제5품	화장세계품 [1]
제9권	제5품	화장세계품 [2]
제10권	제5품	화장세계품 [3]
제11권	제6품	비로자나품

〈제2회〉

제12권	제7품	여래명호품
	제8품	사성제품
제13권	제9품	광명각품
	제10품	보살문명품
제14권	제11품	정행품
	제12품	현수품 [1]
제15권	제12품	현수품 [2]

〈제3회〉

제16권	제13품	승수미산정품
	제14품	수미정상게찬품
	제15품	십주품
제17권	**제16품**	**범행품**
	제17품	**초발심공덕품**
제18권	제18품	명법품

〈제4회〉

제19권 제19품 승야마천궁품

　　　　제20품 야마궁중게찬품

　　　　제21품 십행품 [1]

제20권 제21품 십행품 [2]

제21권 제22품 십무진장품

〈제5회〉

제22권 제23품 승도솔천궁품

제23권 제24품 도솔궁중게찬품

　　　　제25품 십회향품 [1]

제24권 제25품 십회향품 [2]

제25권 제25품 십회향품 [3]

제26권 제25품 십회향품 [4]

제27권 제25품 십회향품 [5]

제28권 제25품 십회향품 [6]

제29권 제25품 십회향품 [7]

제30권 제25품 십회향품 [8]

제31권 제25품 십회향품 [9]

제32권 제25품 십회향품 [10]

제33권 제25품 십회향품 [11]

〈제6회〉

제34권 제26품 십지품 [1]

제35권 제26품 십지품 [2]

제36권 제26품 십지품 [3]

제37권 제26품 십지품 [4]

제38권 제26품 십지품 [5]

제39권 제26품 십지품 [6]

〈제7회〉

제40권 제27품 십정품 [1]

제41권 제27품 십정품 [2]

제42권 제27품 십정품 [3]

제43권 제27품 십정품 [4]

제44권 제28품 십통품

　　　　제29품 십인품

제45권 제30품 아승지품

　　　　제31품 수량품

　　　　제32품 제보살주처품

제46권 제33품 불부사의법품 [1]

제47권 제33품 불부사의법품 [2]

제48권	제34품	여래십신상해품	제63권	제39품	입법계품 [4]
	제35품	여래수호광명공덕품	제64권	제39품	입법계품 [5]
제49권	제36품	보현행품	제65권	제39품	입법계품 [6]
제50권	제37품	여래출현품 [1]	제66권	제39품	입법계품 [7]
제51권	제37품	여래출현품 [2]	제67권	제39품	입법계품 [8]
제52권	제37품	여래출현품 [3]	제68권	제39품	입법계품 [9]
			제69권	제39품	입법계품 [10]

〈제8회〉

			제70권	제39품	입법계품 [11]
제53권	제38품	이세간품 [1]	제71권	제39품	입법계품 [12]
제54권	제38품	이세간품 [2]	제72권	제39품	입법계품 [13]
제55권	제38품	이세간품 [3]	제73권	제39품	입법계품 [14]
제56권	제38품	이세간품 [4]	제74권	제39품	입법계품 [15]
제57권	제38품	이세간품 [5]	제75권	제39품	입법계품 [16]
제58권	제38품	이세간품 [6]	제76권	제39품	입법계품 [17]
제59권	제38품	이세간품 [7]	제77권	제39품	입법계품 [18]
			제78권	제39품	입법계품 [19]

〈제9회〉

			제79권	제39품	입법계품 [20]
제60권	제39품	입법계품 [1]	제80권	제39품	입법계품 [21]
제61권	제39품	입법계품 [2]			
제62권	제39품	입법계품 [3]			

간 행 사

　귀의삼보 하옵고,

　『대방광불화엄경』의 수지 독송과 유통을 발원하면서 수미정사 불전연구원에서 『독송본 한문·한글역 대방광불화엄경』과 『사경본 한글역 대방광불화엄경』을 편찬하여 간행하게 되었습니다.

　『화엄경』은 우리나라에 전래된 이래 일찍부터 사경되고 주석·강설되어 왔으며 근현대에 이르러서는 『화엄경』의 한글 번역과 연구도 부쩍 많이 이루어졌습니다. 그만큼 『화엄경』이 우리 불자님들의 신행과 해탈에 큰 의지처가 되었던 것임을 알 수 있습니다.

　『화엄경』을 독송하고 사경하는 공덕은 설법 공덕과 함께 크게 강조되어 왔습니다. 그리하여 수미정사 불전연구원에서도 『화엄경』(80권)을 독송하고 사경하는 데 도움이 되도록 한문 원문과 한글역을 함께 수록한 독송본과 한글역의 사경본 『화엄경』 간행불사를 발원하였습니다. 이 『화엄경』 간행불사에 뜻을 같이하여 적극 후원해주신 스님들과 재가 불자님들께 깊이 감사드립니다. 또한 『화엄경』을 수지 독송할 수 있도록 경책의 모습으로 장엄해 주신 편집위원들과 담앤북스 출판사 관계자들께도 고마움을 표합니다.

　끝으로 이 불사의 원만 회향으로 『화엄경』이 널리 유통되고, 온 법계에 부처님의 가피가 충만하시길 기원드립니다.

　나무 대방광불화엄경

불기 2564년 '부처님오신날'을 봉축하며
수미해주 합장

위태천신(동진보살)

수미해주 須彌海住

동국대학교 명예교수
중앙승가대학교 법인이사
대한불교조계종 수미정사 주지

사경본 한글역

대방광불화엄경 제17권

| **초판 1쇄 발행_** 2021년 8월 24일

| **엮은이_** 수미해주
| **엮은곳_** 수미정사 불전연구원
| **편집위원_** 해주 수정 경진 선초 정천 석도 박보람 최원섭
| **편집보_** 무이 무진 지욱 김지예

| **펴낸이_** 오세룡
| **펴낸곳_** 담앤북스
　　　　서울특별시 종로구 새문안로3길 23 경희궁의 아침 4단지 805호
　　　　대표전화 02)765-1251　전자우편 damnbooks@hanmail.net
　　　　출판등록 제300-2011-115호
| **ISBN_** 979-11-6201-318-2　04220

이 책은 저작권 법에 따라 보호받는 저작물이므로 무단전재와 복제를 금합니다.
이 책 내용의 전부 또는 일부를 이용하려면 반드시 저작권자와 담앤북스의 서면 동의를 받아야 합니다.

정가 10,000원
ⓒ 수미해주 2021